Thanksgiving Address
Greetings to the Natural World

Ohén:ton Karihwatéhkwen
Words Before All Else

Native Self-Sufficiency Center
Six Nations Indian Museum
Tracking Project
Tree of Peace Society

Thanksgiving Address
(Ohén:ton Karihwatéhkwen—Words Before All Else)

These words of thanksgiving come to us from the Native people known as the *Haudenosaunee* (also *Iroquois* or Six Nations—Mohawk, Oneida, Cayuga, Onondaga, Seneca and Tuscarora) of upstate New York and Canada.

The Thanksgiving Address has ancient roots, dating back over one thousand years to the formation of the Great Law of Peace by a man called the Peacemaker, and perhaps before that. Today these words are still spoken at the opening and closing of all ceremonial and governmental gatherings held by the Six Nations.

A speaker is chosen to give the Thanksgiving Greetings on behalf of the people. They choose their own words, for we are all unique and have our own style, but the general form is traditional. It follows an order in which we can relate to all of the Creation. The Address is based on the belief that the world cannot be taken for granted, that a spiritual communication of thankfulness and acknowledgement of all living things must be given to align the minds and hearts of the people with Nature. This forms a guiding principle of culture.

We believe that all people at one time in their history had similar words to acknowledge the works of the Creator. With this in mind, we offer these words in a written form as a way to re-acquaint ourselves with this shared vision. Our version of the Thanksgiving Address has been modified for a young, general audience — it has been shortened and many specific references to the culture of the Six Nations have been generalized. We hope this will enhance the accessibility of the words for readers around the world.

It was Jake Swamp's original vision that this Address would go out to the children of the world, "so that later in life, when they go out and meet one another, they will find that they are all coming from the same place." This booklet is printed in the Mohawk and English languages. Other Editions are available in Mohawk/German, Japanese, Portuguese, Spanish, Swedish, Bisayan, French, Hawaiian, Italian and Hebrew and future editions are planned in Chinese, Abenaki, Arabic...

You are invited—encouraged—to share in these words, that our concentrated attention might help us rediscover our balance, respect, and oneness with Nature.

Now our minds are one.

John Stokes
The Tracking Project

The People

Today we have gathered and we see that the cycles of life continue. We have been given the duty to live in balance and harmony with each other and all living things. So now, we bring our minds together as one as we give greetings and thanks to each other as People.

Now our minds are one.

Onkwehshón:'a

Onwa wenhniserá:te ionkwakia'taró:ron ne iorihwá:ke ne aitewaka'eniónnion tsi niiohtonhá:kie tsi na'titewátere ne onkwehshón:'a tánon' tsi ní:ioht tsi rokwatákwen ne ohontsià:ke. Ne ne á:ienre'k akwé:kon skén:nen tsi tewanonhtón:nion ne tsi niionkwè:take kenhnón:we iahitewaia'taié:ri oni tsi ionkwata'karí:te iah thahò:ten tekionkwakia'tónkion ne kanonhwa'kténhtshera'. Ne kati ehnón:we iorihwá:ke tsi entewátka'we ne kanonhweratónhtshera.

Éhtho niiohtónha'k ne onkwa'nikón:ra.

The Earth Mother

We are all thankful to our Mother, the Earth, for she gives us all that we need for life. She supports our feet as we walk about upon her. It gives us joy that she continues to care for us as she has from the beginning of time. To our Mother, we send greetings and thanks.

Now our minds are one.

Iethi'nisténha Ohóntsia

Onen nón:wa ehnón:we nentsitewate'nikonhraié:ra'te Iethi'nisténha Ohóntsià tsi ne'e taiakohtka'wenhá:kie tsi naho'tèn:shon ionkionhéhkwen. Iotshennón:nia't tsi shé:kon teionkhihsniékie tsi ní:ioht tsi shakohrienaién:ni ne shahakwatá:ko ne tsi ionhontsiá:te. Ne ionkhihawíhshon ne onkwehshón:a tánon' kario'ta'shón:a tsi nikarí:wes ohontsià:ke teionkwatawénrie. Ne kati ehnón:we iorihwá:ke tsi entewátka'we ne kanonhweratónhtshera.

Éhtho niiohtónha'k ne onkwa'nikón:ra.

The Waters

We give thanks to all the Waters of the world for quenching our thirst and providing us with strength. Water is life. We know its power in many forms—waterfalls and rain, mists and streams, rivers and oceans. With one mind, we send greetings and thanks to the spirit of Water.

Now our minds are one.

Ohneka'shón:'a

Onen ehnón:we ientsitewakié:ra'te ne ohneka'shón:'a tsi rawé:ren tsi enkahnekónionke ne tsi ionhontsiá:te. Ne ehnón:we nitewéhtha ne aionkwaha'taná:wen nó:nen enionkwania'táthen. Nia'teka'shatstenhserá:ke tewaienté:ri—tsi ieiohnekén:shon, tsi iokennó:re's, tsi iaonhawí:ne's tánon' tsi kaniatarahrón:nion. Khénska tsi entewahwe'nón:ni ne onkwa'nikón:ra ne iorihwá:ke tsi entewátka'we ne kanonhweratónhtshera.

Éhtho niiohtónha'k ne onkwa'nikón:ra.

The Fish

We turn our minds to all the Fish life in the water.
They were instructed to cleanse and purify the
water. They also give themselves to us as food. We
are grateful that we can still find pure water. So,
we turn now to the Fish and send our greetings
and thanks.

Now our minds are one.

Kentsionshón:'a

Tánon' kati ehnón:we nikontí:teron ne
khia'tekéntsiake tánon' otsi'nonwa'shón:'a. Ne'e
teshakó:wi ne takontohtáhrho tsi kahnekarón:nion.
Ne oni taionatka'wenhákie ne onkwatennà:tshera
ne ionkwaia'tahnirá:tha. Ne ne iotshennón:nia't tsi
shé:kon iorihwató:ken ionkwatshenrionhákie ne ne
kahnekí:io. Ehnonkwá:ti entewakié:ra'te ne
entewátka'we ne kanonhweratónhtshera.

Éhtho niiohtónha'k ne onkwa'nikón:ra

The Plants

Now we turn toward the vast fields of Plant life.
As far as the eye can see, the Plants grow, working
many wonders. They sustain many life forms. With
our minds gathered together, we give thanks and
look forward to seeing Plant life for many
generations to come.

Now our minds are one.

Tsi Shonkwaienthó:wi

Ne onen ehnón:we nentsitewakié:ra'te ne tsi ní:ioht
tsi tekahentaién:ton. Ia'teiotkahróktha ohontsiakwé:kon
taiohnio'onhákie ne shonkwaienthó:wi ne
nia'tekonti'satstenhserá:ke ne ohonte'shón:'a.
Aiá:wens kiótkon aitewatkahthóhseke ne tsi ní:ioht
tsi rowinentá:'on. Enska tsi entewahwe'nón:ni ne
onkwa'nikón:ra tánon' tsi ia'teiotihtehrón:ton
entitewahawihtánion ne kanonhweratónhtshera.

Éhtho niiohtónha'k ne onkwa'nikón:ra.

The Food Plants

With one mind, we turn to honor and thank all the
Food Plants we harvest from the garden. Since the
beginning of time, the grains, vegetables, beans
and berries have helped the people survive. Many
other living things draw strength from them too.
We gather all the Plant Foods together as one and
send them a greeting and thanks.

Now our minds are one.

Kaien'thóhshera

Enska tsi entewahwe'nón:ni ne onkwa'nikón:ra
tánon' ehnón:we nentsitewakié:ra'te ne ne
onkwatennà:tshera tsi ní:ioht tsi shonkwaienthó:wi.
Ne teionkwahsniékie ne kaienthóhsera tsi nikarí:wes
ohontsià:ke teionkwatawénrie. Nia'teiotikióhkwake
ne ká:nen, osahè:ta tánon' kahi'shón:'a
tewaienthókwas ne ionkwaiatahnirá:tha. Ne oni
iononhéhkwen ne kwah tsi naho'tèn:shon róhshon
ne ohontsià:ke. Ne tsi nentewá:iere ne kati
enkiethihwe'nón:ni ne kaienthohtshera'shón:'a tsi
wa'tiiethinonhwerá:ton.

Éhtho niiohtónha'k ne onkwa'nikón:ra.

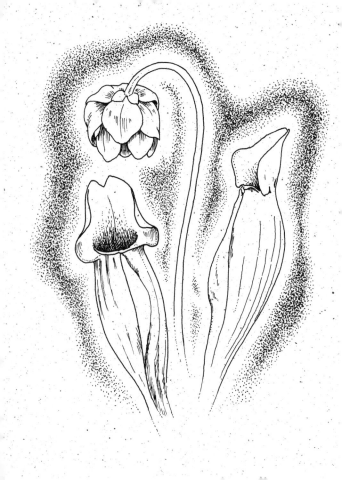

The Medicine Herbs

Now we turn to all the Medicine Herbs of the world. From the beginning, they were instructed to take away sickness. They are always waiting and ready to heal us. We are happy there are still among us those special few who remember how to use these plants for healing. With one mind, we send greetings and thanks to the Medicines and to the keepers of the Medicines.

Now our minds are one.

Ononhkwa'shón:'a

Ne onen ehnón:we nentsitewakié:ra'te ne ononhkwa'shón:'a iorihwá:ke. Ne tsi níhoié:ren ohontsiakwé:kon tethohráhthon ne ononhkwa'shón:'a. Ne ionateríhonte a'é:ren kontihawíhtha ne kanonhwa'kténhtshera. Kiótkon iotiharékies tánon' ionatatewinentá:on aiakótsien'te'. Iotshennónnia't tsi shé:kon teiontonkwe'taiestáhshion ne ronné:iahre tsi niiotiianerenhshero'tén:shon ne ononhkwa'shón:'a. Onen kati nen'ne tentsiethinonhwerá:ton ne ononhkwa'shón:'a tánon' tsi niionkwè:take ne'e tehotíhkwen tsi rontenonhkwá:tsheranonhne.

Éhtho niiohtónha'k ne onkwa'nikón:ra.

The Animals

We gather our minds together to send greetings and thanks to all the Animal life in the world. They have many things to teach us as people. We see them near our homes and in the deep forests. We are glad they are still here and we hope that it will always be so.

Now our minds are one.

Kontírio

Enska tsi entewahwe'nón:ni ne onkwa'nikón:ra tánon' teniethinonhwerá:ton ne kontí:rio ne ne ohontsiakwé:kon shakotká:wen. Ókia'ke iethí:kenhs teionatawenriehákies aktónkie tsi ionkwataskwahrónnion oni tsi kaskawaién:ton. Iotshennónnia't ehnón:we iorihwá:ke tsi shé:kon iethí:kenhs ne kontí:rio oni aiá:wens kiótkon ehnaiohtónhake.

Éhtho niiohtónha'k ne onkwa'nikón:ra.

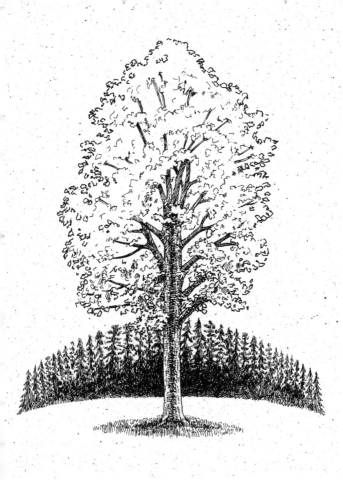

The Trees

We now turn our thoughts to the Trees. The Earth has many families of Trees who have their own instructions and uses. Some provide us with shelter and shade, others with fruit, beauty and other useful things. Many peoples of the world use a Tree as a symbol of peace and strength. With one mind, we greet and thank the Tree life.

Now our minds are one.

Okwire'shón:'a

Onen nón:wa ehnón:we nentsitewate'nikonhraié:ra'te ne iorihwá:ke ne okwire'shón:'a. Ohontsiakwé:kon kahwatsiraké:ron iotihnió:ton ne ne khia'tekakwí:rake. Ne ne tsi naho'tèn:shon ionaterihón:te ne khia'tekaién:take ókia'ke' thonón:we nitewaterahkwawehosthákhwa tánon' ókia'ke' iohien'tón:nion oni tsi ne iontenonhshatariha'táhkhwa tánon' oni ne ionniá:ton ne tsi ionkwataskwahrónnion. Iotka'tákie ronatkwirarákwen ne onkwehshón:'a ne ne ohontsiakwé:kon kahwatsiraké:ron tsi ne'e shonehiahráhkhwen ne skenen'kó:wa tánon' ka'shatsténhsera. Enska tsi entewahwe'nón:ni ne onkwa'nikón:ra tsi wa'kiethinonhwerá:ton ne okwire'shón:'a.

Éhtho niiohtónha'k ne onkwa'nikón:ra.

The Birds

We put our minds together as one and thank all the
Birds who move and fly about over our heads. The
Creator gave them beautiful songs. Each day they
remind us to enjoy and appreciate life. The Eagle
was chosen to be their leader. To all the Birds—
from the smallest to the largest—we send our
joyful greetings and thanks.

Now our minds are one.

Otsi'ten'okón:'a

Enska tsi entewahwe'nón:ni ne onkwa'nikón:ra
tánon' teniethinonhwerá:ton ne otsi'ten'okón:'a tsi
ionkwatenontsistaténion kontikiènónkie's. Ne kati
ne'e shakorenná:wi ne akonterennó:ten ne ne
skén:nen akaién:take tsi ionhontsiá:te. Ókia'ke oni
ne entewatekhwaiéhstahkwe. Oni ne rorákwen ne
tsi niká:ien entkonwatikowanenháke ne ne á:kweks
nihohshennó:ten. Iotshennónnia't tsi shé:kon
iethí:kenhs akwé:kon ne otsi'ten'okón:'a ne
nihonná:sa oni ne raktikowá:nen's. Onen kati
tentsiethinonhwerá:ton ne otsi'ten'okón:'a.

Éhtho niiohtónha'k ne onkwa'nikón:ra.

The Four Winds

We are all thankful to the powers we know as the Four Winds. We hear their voices in the moving air as they refresh us and purify the air we breathe. They help to bring the change of seasons. From the four directions they come, bringing us messages and giving us strength. With one mind, we send our greetings and thanks to the Four Winds.

Now our minds are one.

Owera'shón:'a

Onen nón:wa ehnón:we nentsitewate'nikonraié:ra'te ne tsi ní:ioht tsi rokwatá:kwen rawé:ren enkaién:take ne ka'shatstenhsera'shón:'a ne ne kaié:ri nikawerá:ke. Ne iethiwennahrónkha ratiwerarástha ne tsi ionhontsiá:te á:se shonnón:ni ne tsi ní:ioht tsi tewatón:rie oni tsi ne tehotitenionhákie ne tsi niionkwakenhríhó:tens. Kaié:ri niiokwén:rare tsi nón:we thatiienhthákhwa tsi ionkhi'shatstenhsherá:wihs. Ne tsi nentsitewá:iere enska tsi entewahwe'nón:ni ne onkwa'nikón:ra tánon' teniethinonhwerá:ton ne ne kaié:ri nikawerá:ke.

Éhtho niiohtónha'k ne onkwa'nikón:ra.

The Thunderers

Now we turn to the west where our Grandfathers, the Thunder Beings, live. With lightning and thundering voices, they bring with them the water that renews life. We bring our minds together as one to send greetings and thanks to our Grandfathers, the Thunderers.

Now our minds are one.

Ratiwé:ras

Onen ehnón:we ientsitewakié:ra'te ne tsi ia'tewa'tshénthos nón:we thatiienhthákhwa ne ionkhisho'thokón:'a ratiwé:ras. Tewahni'nakara'wánionhs nó:nen á:re tontaiaonharé:re tahatihnekenhá:wi ne á:se enshonnón:ni ne tsi ionhontsiá:te. Ne tsi nentewá:iere enska tsi entewahwe'nón:ni ne onkwa'nikón:ra tánon' teniethinonhwerá:ton ne ionkhisho'thokón:'a ratiwé:ras.

Éhtho niiohtónha'k ne onkwa'nikón:ra.

The Sun

We now send greetings and thanks to our eldest Brother, the Sun. Each day without fail he travels the sky from east to west, bringing the light of a new day. He is the source of all the fires of life. With one mind, we send greetings and thanks to our Brother, the Sun.

Now our minds are one.

Kionhkehnéhkha Karáhkwa

Onen nón:wa ehnón:we nentsitewate'nikonraié:ra'te ne tsi karonhiá:te rorihwató:ken éhtho tehaiahiá:khons ne tshionkwahtsí:'a kionhkehnéhkha karáhkwa. Ne tehoswa'thé:ton tsi niaonkwenonhákie tánon' ne ro'tariha'tonhákie ne tsi ionhontsiá:te ne ne skén:nen tsi akontonhahtén:ti ne tsi nahò:ten shonkwaienthó:wi. Ne tsi nentsitewá:iere enska tsi entewahwe'nón:ni ne onkwa'nikón:ra tánon' tentshitewanonhwerá:ton ne tshionkwahtsí:'a kionhkehnéhkha karáhkwa.

Éhtho niiohtónha'k ne onkwa'nikón:ra.

Grandmother Moon

We put our minds together and give thanks to our
oldest Grandmother, the Moon, who lights the
nighttime sky. She is the leader of women all over the
world, and she governs the movement of the ocean
tides. By her changing face we measure time, and it
is the Moon who watches over the arrival of children
here on Earth. With one mind, we send greetings
and thanks to our Grandmother, the Moon.

Now our minds are one.

Ahsonthenhnéhkha Karáhkwa

Ne tsi nentsitewá:iere enska tsi entewahwe'nón:ni
ne onkwa'nikón:ra tánon' teniethinonhwerá:ton ne
ne ahsonthenhnéhshon ehnón:we kiekonhsarákies
ne ne ionkhihsótha karáhkwa. Ohontsiakwé:kon ne
tekontatenen'tshí:ne ne tsiona'thonwí:sen. Oni tsi
ní:ioht tsi wat'nekoriá:nerenhs ohontsiakwé:kon
akaónha ne ehnón:we iakorihwaientáhkwen.
Akaónha iakote'nientenhsthonhákie ka'nikahá:wi
tsi tehotita'onhákie ne ratiksha'okón:'a. Oni ne
tewate'nientenhstáhkhwa tsi ní:ioht tsi teiakotenionhákie tsi
nikiakotkonhsaierá:ton ne'e onkwatenhni'tashetáhtshera.
Onen kati enska tsi entewahwe'nón:ni ne onkwa'nikón:ra
tánon' teniethinonhwerá:ton ne ionkhihsótha karáhkwa.

Éhtho niiohtónha'k ne onkwa'nikón:ra.

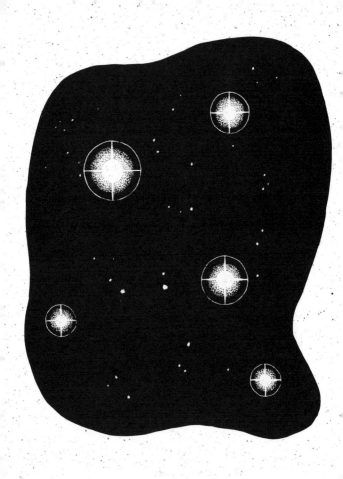

The Stars

We give thanks to the Stars who are spread across the sky like jewelry. We see them in the night, helping the Moon to light the darkness and bringing dew to the gardens and growing things. When we travel at night, they guide us home. With our minds gathered together as one, we send greetings and thanks to all the Stars.

Now our minds are one.

Otsistanohkwa'shón:'a

É:neken nentsitewakié:ra'te ne ne otsistanohkwa'shón:'a tentsiethinonhwerá:ton. Ahsonthenhnéhshon iethí:kenhs shakotiienawá:se ne ionkhihsótha karáhkwa tehotihswathé:ton. Oni tsi ne'e ron'aweiástha ne ne skén:nen tsi akontonha'tén:ti ne tsi nahò:ten shonkwaienthó:wi tánon' tsi ionkwathehtaké:ron. Ne oni tewate'nientenhsthákhwa tsi iah thaitewakia'táhton tsi niahonkwennonhákie. Enska tsi entewahwe'nón:ni ne onkwa'nikón:ra tánon' teniethinonhwerá:ton ne otsistanohkwa'shón:'a.

Éhtho niiohtónha'k ne onkwa'nikón:ra.

The Enlightened Teachers

We gather our minds to greet and thank the Enlightened Teachers who have come to help throughout the ages. When we forget how to live in harmony, they remind us of the way we were instructed to live as people. With one mind, we send greetings and thanks to these caring Teachers.

Now our minds are one.

Shonkwaia'tíson Raonkwe'ta'shón:a

Enska tsi entewahwe'nón:ni ne onkwa'nikón:ra tánon' teniethinonhwerá:ton ne tsi niká:ien ne ronateríhonte ne ahonten'nikón:raren ne tsi kahwatsiraké:ron ne tóhsa' thé:nen ne akieróntshera ahonataweiá:ten. Ne tsionkhiiehiahráhkhwa tsi ní:ioht tsi rawé:ren ne taiontawén:rie ne onkwehshón:'a. Entewahwe'nón:ni ne onkwa'nikón:ra tánon' teniethinonhwerá:ton ne Shonkwaia'tíson Raonkwe'ta'shón:'a.

Éhtho niiohtónha'k ne onkwa'nikón:ra.

The Creator

Now we turn our thoughts to the Creator, or Great Spirit, and send greetings and thanks for all the gifts of Creation. Everything we need to live a good life is here on this Mother Earth. For all the love that is still around us, we gather our minds together as one and send our choicest words of greetings and thanks to the Creator.

Now our minds are one.

Shonkwaia'tíson

Onen ehnón:we iatitewawennanihá:ra'ne ne tsi nón:we thotatenaktarakwén:ni ne Shonkwaia'tíson. Akwé:kon ehnón:we nikiawé:non ne ka'shatsténhsera. Akwé:kon ne tahotka'wenhákie ne tsi nahò:ten ne ne skén:nen tsi aitewanonhtonnionhá:ke tsi nikarí:wes ohontsià:ke teionkwatawénrie. Iotshennónnia't ne taiontkahthónnion ne orihwakwé:kon á:ienre'k shonkwanorónhkwa tsi shé:kon iotiio'tákie ne tsi ní:ioht tsi shakorihwaientáhkwen tsi naho'tèn:shon róhshon ne tsi ionhontsiá:te. Entitewateweién:ton ehnón:we entewatewennaié:ra'te ne ne ísi na'karón:iati ne kati wahi entewátka'we kanonhweratónhtshera.

Éhtho niiohtónha'k ne onkwa'nikón:ra.

Closing Words

We have now arrived at the place where we end our words. Of all the things we have named, it was not our intention to leave anything out. If something was forgotten, we leave it to each individual to send such greetings and thanks in their own way.

And now our minds are one.

Sakarihwahó:ton

Onen ehnón:we iahétewawe ne ieióhe onsaitewarihwahó:ton. Ne tsi naho'tèn:shon wetewana'tónnion, iah ki teionkwa'nikonhrón:ni toka nahò:tèn'k saionkwa'nikónhrhen. Tsi sewaia'tátshon ki ne onen wakwarihwaientáhkwen ne entisewatka'we kanonhweratónhtshera.

Éhtho niiohtónha'k ne onkwa'nikón:ra.

English version: John Stokes and Kanawahienton
(David Benedict, Turtle Clan/Mohawk)

Mohawk version: Rokwaho
(Dan Thompson, Wolf Clan/Mohawk)

Artwork: Kahionhes
(John Fadden, Turtle Clan/Mohawk)

Design & layout: Andrew Main

Original inspiration: Tekaronianekon
(Jake Swamp, Wolf Clan/Mohawk)

ISBN 0-9643214-0-8.

Please send orders and correspondence to:

Thanksgiving Address Fund
°/o The Tracking Project
P.O. Box 266
Corrales, New Mexico 87048
U.S.A.
phone/fax 505-898-6967
thetrackingproject@earthlink.net